gallina

höna

gallo

tupp

pollito

kyckling

patito

ankunge

pavo

kalkon

burro

åsna

cisne

svan

rana

groda

mapache

tvättbjörn

oso

björn

ardilla

ekorre

mosca

fluga

mariquita

nyckelpiga

gusano

mask

caracol

snigel

babosa

snigel

abeja

bi

araña

spindel

escarabajo

skalbagge

libélula

trollslända

león

lejon

cebra

zebra

jirafa

giraff

rinoceronte

noshörning

serpiente

orm

mosquito

mygga

tortuga marina

havssköldpadda

hipopótamo

flodhäst

caimán

alligator

cocodrilo

krokodil

tiburón

haj

morsa

valross

pingüino

pingvin

oso polar

isbjörn

foca

säl

estrella de mar

sjöstjärna

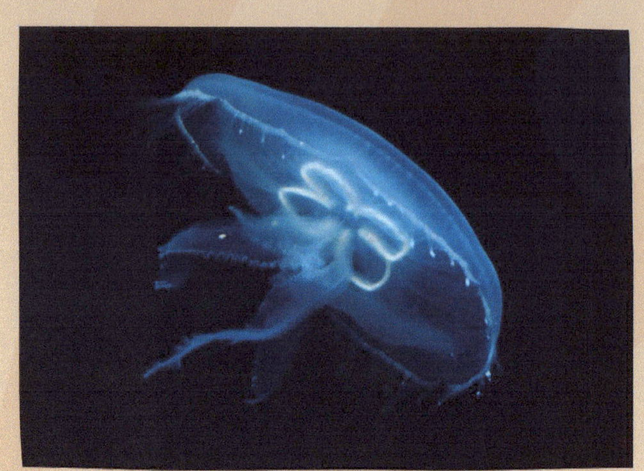

medusa

manet

conchas marinas

snäckor

pluma

fjäder

11

once

elva

12

doce

tolv

13

trece

tretton

14

catorce

fjorton

15

quince

femton

16

dieciséis

sexton

17

diecisiete

sjutton

18

dieciocho

arton

19

diecinueve

nitton

20

veinte

tjugo

corazón

hjärta

óvalo

oval

flecha

pil

creciente

halvmåne

curva

kurva

espiral

spiral

cruz

kryss

zigzag

sicksack

arcoíris

regnbåge

colores oscuros

mörka färger

colores claros

ljusa färger

puntos

prickar

línea

linje

bajo

kort

alto

lång

 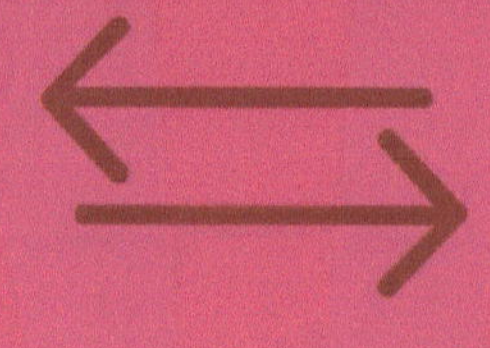 

un poco

lite

mucho

mycket

 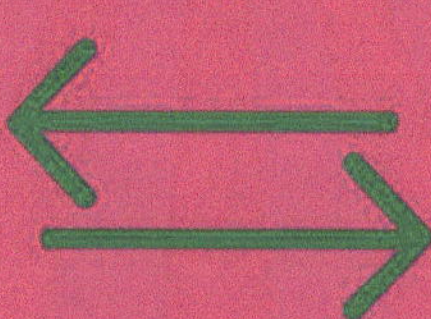 

lleno

full

vacío

tom

cabello rizado

lockigt hår

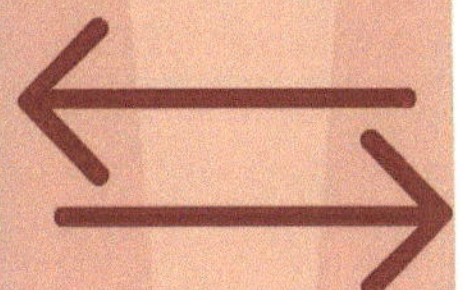

cabello liso

rakt hår

aceptar

acceptera

rechazar

vägra

idéntico

identisk

diferente

olika

seco

torr

mojado

våt

juguetes

leksaker

bloques

klossar

pelota

boll

robots

robotar

lengua

tunga

nariz

näsa

cabello

hår

bigote

mustasch

dedos

fingrar

brazo

arm

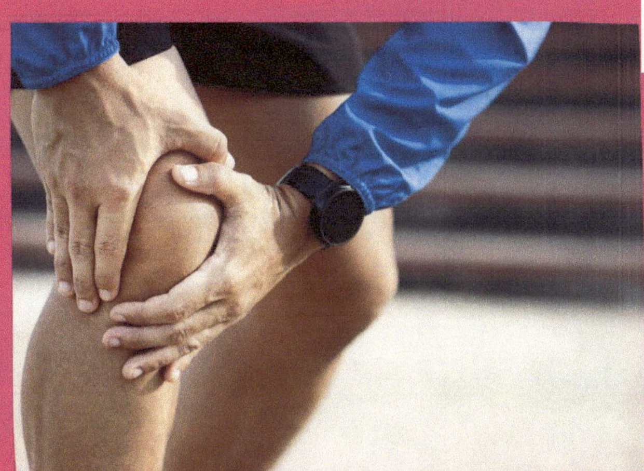

rodilla

knä

codo

armbåge

sonreír

att le

beso

kyss

llorar

gråta

dolor

smärta

cuerpo

kropp

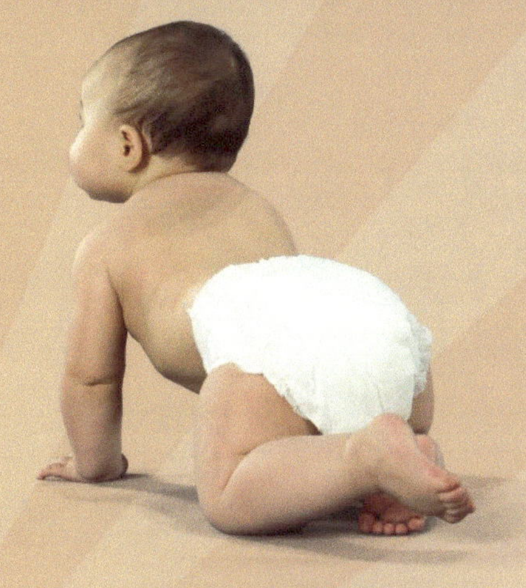

espalda

rygg

chupete

napp

trona

barnstol

jabón

tvål

cepillo de dientes

tandborste

toalla

handduk

orinal

potta

anillo

ring

pulsera

armband

collar

halsband

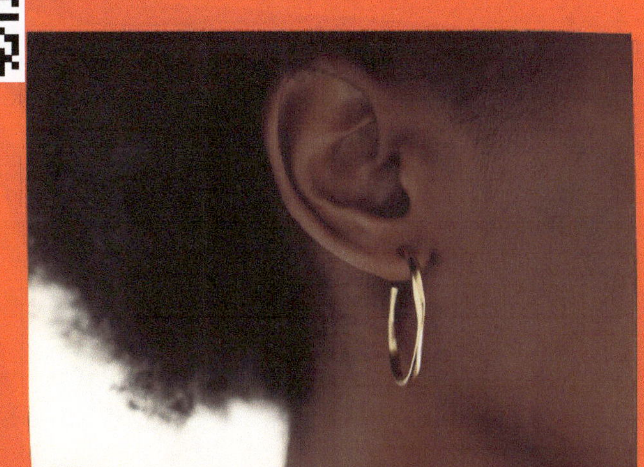

pendiente

örhänge

chocolate

choklad

palomitas

popcorn

mermelada

sylt

tostada

rostat bröd

miel

honung

mantequilla

smör

pan

bröd

helado

glass

sémola

mannagryn

arroz

ris

pasta

pasta

sopa

soppa

leche

mjölk

agua

vatten

zumo

juice

kiwi

kiwi

frambuesa

hallon

pomelo

grapefrukt

melón

melon

ciruela

plommon

albaricoque

aprikos

granada

granatäpple

higo

fikon

arándano

blåbär

arándano

tranbär

caqui

persimon

lichi

litchi

frutas

frukter

verduras

grönsaker

aguacate

avokado

judía verde

grön böna

brócoli

broccoli

berenjena

äggplanta

guisantes

ärtor

pimiento

paprika

remolacha

rödbeta

lechuga

sallad

endivia

endiv

alcachofa

kronärtskocka

puerro

purjolök

cebolla

lök

ajo

vitlök

jengibre

ingefära

nueces

valnötter

almendra

mandel

pistacho

pistagenöt

anacardo

cashewnötter